NOTICE

SUR M. PENJON,

AVEUGLE DE NAISSANCE.

NOTICE

SUR M. PENJON,

AVEUGLE DE NAISSANCE,

Professeur de Mathématiques au Collége royal d'Angers,
Chevalier de la Légion-d'honneur;

Par E. R. GAUBERT, son Élève.

PRIX : 1 franc.

PARIS,

Chez J. N. BARBA, Libraire, Palais-Royal, derrière
le théâtre Français, n° 51.

1819.

NOTICE SUR M. PENJON.

Il y a environ douze ans, l'attention publique se fixa sur un aveugle de naissance qui avait remporté un prix de mathématiques transcendantes au concours général des quatre lycées de Paris. Bientôt on apprit qu'il était nommé professeur dans un lycée, et l'on se demandait avec étonnement : comment a-t-il fait pour s'instruire? comment fera-t-il pour enseigner ? Mille fois on m'a pressé de répondre à ces questions, et aujourd'hui que ce professeur m'a chargé de faire imprimer l'un des ouvrages qu'il a dessein de donner au public, j'ai cru devoir faire connaître entièrement un homme dont les talens excitent l'admiration et la surprise : heureux si je peux en même temps lui témoigner la reconnaissance que je lui dois, et que je me plais à publier!

M. Penjon, né à Paris, le 21 juillet 1782, perdit la vue à l'âge de dix-huit mois. Ses parens, affligés, ne croyant pas qu'un aveugle fût susceptible d'aucune éducation, l'abandonnèrent à lui-même, et le laissèrent, pendant ses premières années, se livrer à toute la dissipation de l'enfance. Les jeux les plus difficiles et les plus périlleux étaient toujours ceux de son choix : c'est sans doute ainsi qu'il a acquis une aisance dans le maintien, une assurance dans sa démarche et tous ses mouvemens, qui font souvent oublier qu'il est aveugle.

Malgré la vivacité de son caractère, entendre lire était son plus grand bonheur : quelques lectures qu'on lui fit et qu'il écoutait avec avidité, commencèrent à développer son intelligence et son ambition.

Porté naturellement vers la science des calculs, il s'y exerçait sans cesse, même pendant la nuit; et donnait dès-lors les preuves les plus frappantes de cet ardent amour de l'étude, qui le rend presqu'aussi extraordinaire que ses talens.

Aussi, comptant sur ce vif désir d'apprendre, et ayant, sans doute, le sentiment intérieur de la force de son intelligence, il se flattait de devenir un jour un homme instruit : heureux pressentiment dont on riait alors, et qui s'est si bien vérifié !

A cette époque, M. Haüy était pour les jeunes aveugles ce que l'abbé de l'Épée fut pour les sourds-muets : il formait un établissement où les enfans privés de la vue recevaient l'éducation que leurs parens n'auraient pas su leur donner.

M. Penjon avait quinze ans lorsqu'il fut admis dans cette institution; on y enseignait à lire et à calculer avec des caractères en relief formés sur le plomb, et des livres également en relief formés au moyen de la presse.

M. Penjon sut lire et calculer en peu de temps, et une année à peine s'écoula, qu'il ne lui restait plus rien à apprendre dans cette maison.

Il est pénible de penser, et je n'affirmerais pas que les maîtres employés dans l'institution, désagréablement affectés de se voir surpasser par un de leurs élèves, conçurent un sentiment jaloux des progrès de M. Penjon. Quoi qu'il en soit, ils lui défendirent d'étudier et lui en ôtèrent les moyens; mais il avait caché une grammaire de Wailly, qu'il se fit lire par un enfant, et, pendant quatre mois que dura cette singulière interdiction, il apprit la langue française. Les supérieurs enfin, et surtout M. Haüy, commencèrent à le distinguer. Encouragé par leur bienveillance, il entreprit l'étude de la langue latine. Il apprit la logique et la métaphysique dans Locke et Condillac, et se fit lire Beauzé et Dumarsais.

Cependant il avait toujours le désir de s'avancer dans les sciences mathématiques; mais il manquait des livres nécessaires, et ne les connaissait même pas; on lui procura le Cours de Bezout, et ayant appris l'algèbre en peu de temps, il se proposait de suivre le cours de Mauduit au Collége de France. On se demande comment, étant privé de la vue, il pouvait profiter de l'enseignement d'un professeur qui, pour ses élèves et pour lui-même, est obligé d'écrire sur un tableau des calculs dont la mémoire ne pourrait se charger; mais, comme nous le dirons encore, la mémoire de M. Penjon est tellement heureuse, qu'elle reçoit tout ce que les autres hommes sont obligés de fixer sur le papier; d'ailleurs, il a toujours avec lui un enfant qui sait lire et écrire, et cet enfant pouvait prendre les calculs écrits sur le tableau; ce qui aurait permis à M. Penjon de les étudier seul ensuite; mais il faisait très-rarement usage de ce moyen.

L'enseignement d'un professeur lui eût été extrêmement utile, on pourrait même dire indispensable; il eût entendu expliquer les difficultés que présente souvent la science; il eût entendu nommer les ouvrages qu'il devait étudier; mais il semble qu'il fallait que tout le rendît extraordinaire: il fut obligé d'apprendre seul toutes ces parties de mathématiques qui composent l'examen de l'Ecole Polytechnique. Le Gouvernement ayant fait transporter aux Quinze-Vingts l'Institut des jeunes aveugles, et M. Haüy ayant perdu la principale autorité, il fut impossible à M. Penjon de sortir de la maison pour aller entendre les leçons publiques des plus savans professeurs.

Après avoir inventé tous les procédés d'après lesquels les aveugles s'instruisent ; après leur avoir sacrifié ses propres intérêts, et enfin leur avoir donné tous les jours des preuves du plus tendre attachement, M. Haüy se vit forcé de quitter des élèves auxquels ses soins faisaient oublier leur malheur : c'est à son éloignement qu'il faut attribuer l'état de langueur dans lequel s'est trouvée l'Institution pendant quelque temps, et peut-être encore ne se fût-elle pas soutenue ainsi, sans les soins que lui a donnés M. Seignette, directeur des Quinze-Vingts, soins qui eussent été bien plus efficaces si l'autorité n'eût pas été partagée.

Au moment où M. Haüy s'éloigna, elle tomba toute entière dans les mains de M. Bourette, prédécesseur de M. Seignette : il ordonna bientôt à M. Penjon de travailler à des manufactures dans lesquelles on voulait apprendre aux aveugles des arts mécaniques : en vain il sollicita la permission de continuer ses études, il lui fallut encore se cacher pour s'instruire, et à tant de difficultés, il s'en joignait une non moins grande : il manquait de livres ; sa famille se refusait à croire qu'il lui fût possible de réussir dans les sciences. On lui procurait des instrumens de musique : il l'eût apprise si l'étude des mathématiques n'eût absorbé tout son temps ; mais il désirait seulement des livres, et il n'en obtenait pas.

Un heureux évènement changea son sort. M. Seignette prit la place de M. Bourette : bien différent de son prédécesseur, le nouveau supérieur, bon et éclairé, protégea un jeune homme déjà distingué par son savoir, et lui permit de sortir de l'Institution pour aller donner des leçons particulières, ce qui lui procura les moyens d'acheter des livres, et il reprit avec une nouvelle ardeur son étude favorite.

Sachant l'arithmétique et l'algèbre, Virgile et Cicéron lui étant devenus faciles à expliquer, connaissant l'histoire, dont il donnait des leçons, il voulut apprendre la géométrie ; mais, après de grands efforts, il trouva impossible de se représenter les figures, et abandonna quelque temps cette science, dans laquelle il est infiniment difficile à un aveugle de réussir ; il lui faut une conception forte et une mémoire heureuse : aussi, doué à un haut degré de l'une et de l'autre, M. Penjon reprit cette étude, et sut d'autant mieux cette partie des mathématiques, qu'il lui avait été plus pénible de l'apprendre. Il étudia dans Bezout, le seul auteur qu'il connût, la géométrie analytique, et ce fut alors qu'il résolut de suivre les cours des lycées. Déjà le bruit de ses succès s'était répandu ; un ambassadeur lui proposa de s'expatrier ; il ne le fit pas, et ce fut à cette occasion que M. Haüy partit pour la Russie.

Le départ de son premier instituteur affligea M. Penjon, mais ne le découragea point; il n'en devint même que plus ardent pour l'étude, et abandonna ses élèves afin de suivre, au lycée Charlemagne, le cours de M. Francœur, qui enseignait alors les mathématiques transcendantes. Surpris de voir un aveugle assister à ses leçons, ce professeur craignit d'abord qu'il ne lui fût impossible de l'instruire; ses élèves, non moins étonnés, étaient même disposés à rire d'une nouveauté qui présentait un phénomène, ou prêtait au ridicule; mais, à la première composition, il fut le premier; à la seconde, il le fut encore, et enfin à presque toutes celles qui eurent lieu dans l'année. Il acquit la considération de ses condisciples, l'estime et la bienveillance de son professeur, qui n'a cessé depuis de lui en donner les marques les plus certaines. Pour enseigner son élève, M. Francœur avait la bonté d'écrire sous sa dictée un tableau; quand M. Penjon composait, un enfant écrivait pour lui. Il obtint les prix de sa classe au lycée Charlemagne, succès déjà bien remarquable, mais qu'il fit oublier par un autre plus remarquable encore. Il remporta un prix de mathématiques transcendantes au concours général des quatre lycées de Paris: on sait avec quelle solennité s'est toujours faite la distribution de ces prix ; mais il arriva que cette fois elle eut lieu dans l'enceinte du Panthéon, avec une pompe extraordinaire.

Les élèves savaient tous que M. Penjon avait concouru, et à peine son nom fut prononcé, que plusieurs d'entre eux se saisirent de lui, et le portèrent sous la couronne que le Ministre posa sur sa tête. L'enthousiasme que ce moment inspira fut si grand, qu'il serait difficile d'en parler maintenant sans être accusé d'exagération. Le public prit dès-lors un vif intérêt à un jeune homme qu'il regardait comme un phénomène, et cependant on ignorait que c'était sans maîtres, malgré de fortes oppositions, et presque sans livres, qu'il s'était instruit.

On s'empressait de se rendre aux séances que donne tous les mois l'Institut des jeunes aveugles : on y voyait le nom de M. Penjon placé dans un endroit remarquable de la salle des exercices, et on l'entendait bientôt lui-même exposer les théories les plus difficiles de mathématiques et d'astronomie.

La langue latine, la géographie, la grammaire, étaient aussi l'objet des questions qu'on pouvait lui adresser, et les journaux de ce temps firent constamment son éloge.

Il fut nommé professeur de mathématiques des jeunes aveugles.

On a peine à comprendre qu'étant lui-même

privé de la vue, il ait pu les instruire; mais les jeunes aveugles écrivent sous la dictée les discours et les calculs, au moyen d'une casse de caractères semblables à ceux dont on se sert pour l'imprimerie, et d'un cadre percé de manière à recevoir et fixer ces caractères. Ils tracent des figures de géométrie en passant un cordon autour de chevilles fixées dans ce même cadre.

M. Penjon fit tous ses efforts pour former des sujets distingués; il s'attacha les plus studieux; mais, malgré les procédés ingénieux imaginés par leur instituteur, il faut aux aveugles une conception plus forte, et une mémoire plus fidèle qu'aux autres hommes : aussi des succès semblables à ceux de M. Penjon excitaient bien justement le plus vif intérêt.

Objet d'une bienveillance flatteuse, il n'oublia pas que sa tâche n'était pas remplie, et reprit avec une nouvelle ardeur ses études.

Sachant de quel prix est, pour celui qui veut s'instruire, la conversation des savans, elle fut le premier objet de ses désirs, et le seul avantage qu'il voulut tirer de ses succès. Les hommes les plus distingués dans les sciences lui firent accueil. MM. Legendre, Lacroix, Biot, dont il suivait le cours de mécanique céleste au Collége de France; M. Haüy, qui lui donnait des conseils pour l'étude de la minéralogie; M. Francœur, comme nous l'avons déjà dit, lui donnaient toujours des preuves du plus vif intérêt.

Tous ces savans l'encourageaient et l'aidaient de leurs conseils, particulièrement M. Legendre, qui concevait de lui de grandes espérances.

Vers ce temps, il entreprit un cours public d'algèbre. M. Tonnelier, conservateur du Cabinet des Mines, lui obtint de l'Administration la permission de le faire dans l'une des salles de la maison.

Beaucoup de curieux y vinrent, et plusieurs élèves distingués, parmi lesquels se trouvait un Grec, qui retourna dans sa patrie enseigner la science qu'il avait apprise d'un professeur aussi extraordinaire, et pour lequel il a conservé la reconnaissance la plus vive et la plus grande admiration.

Une dame italienne, qui savait les mathématiques, même les parties supérieures, désira voir M. Penjon. Elle s'entretint long-temps avec lui sur les sciences et les lettres, et elle emporta une idée bien avantageuse du nouveau Saunderson (*).

On le nomma professeur au lycée d'Angers. Jusqu'ici on avait vu en lui un jeune homme dont les études brillantes, alors même qu'il n'eût pas été aveugle, le rendaient un homme extraor-

(*) Ce fut à-peu-près à cette époque qu'un écrivain allemand fit son éloge.

dinaire ; on avait été surpris de l'entendre professer publiquement ; mais on n'avait pas encore soupçonné qu'il fût capable d'enseigner à des élèves dont les progrès sont exigés et soumis à des examens sévères ; et on s'inquiétait d'autant plus de savoir s'il réussirait, qu'il n'avait point annoncé les moyens qu'il se proposait d'employer.

M. Ferri de St.-Constant, alors recteur de l'académie d'Angers et proviseur du lycée, s'étonna, s'alarma, se plaignit du professeur qu'on lui envoyait ; mais M. Penjon l'ayant prié de suspendre ses craintes et ses démarches jusqu'au jour de son installation, il attendit, et enfin, ce jour venu, se rendit, avec les deux autres professeurs de mathématiques, dans la classe de M. Penjon, qui, selon la coutume, prononça un discours d'ouverture dans lequel il marqua l'origine et les progrès de la science qu'il allait enseigner, apprit aux élèves les noms des savans qui s'en sont le plus occupés, leur fit entrevoir l'utilité de cette science, et proposa le plan de son cours. Ce discours achevé au milieu des applaudissemens, le professeur enseigna. M. Ferri sortit tout émerveillé, et conçut dès-lors la plus haute estime pour M. Penjon.

Sa manière d'enseigner ne différant aucunement de celle des autres professeurs, la finesse de l'ouïe, la force de jugement, et la perspicacité de son esprit, lui faisant faire de ces choses qui semblent nécessiter absolument la vue, on se refusait à croire qu'il fût aveugle.

Pendant long-temps l'objet de toutes les conversations, il s'est acquis l'estime et l'intérêt des personnes les plus instruites et les plus considérées de ce pays, où il aurait pu jouir de ce bonheur privé, plus doux, quand il est bien senti, que le plaisir de la célébrité, si, comme beaucoup de personnes l'ont pensé, la modicité de son emploi n'y était peut-être un obstacle. Alors que, pour se rendre à Angers, il quitta la capitale, on s'attendait à l'y voir revenir occuper une place plus remarquable, où des talens si rares seraient connus davantage, mieux appréciés et plus utiles; où, faisant honneur à son pays, comme autrefois Saunderson à l'Angleterre, il prouverait même qu'il lui est supérieur, en publiant des travaux retardés par les obstacles que le savant rencontre sans cesse dans la province, point de ces écrits rares et cependant nécessaires à consulter, mille difficultés pour suivre les progrès de la science.

A Paris, en relation avec les premiers savans, trouvant, dans les bibliothèques publiques, tous les secours nécessaires, il aurait publié plus tôt des ouvrages qui, en étant utiles aux sciences, feraient connaître jusqu'où vont ses talens.

Enfin, j'ai entendu toutes les personnes qui le connaissent s'affliger de voir ce qui a dû se rencontrer rarement, un homme aussi instruit et dont les talens sont si remarquables, demeurer dix ans professeur de mathématiques élémentaires.

Par ses connaissances, il s'est mis au rang des savans ; il connaît toutes les sciences mathématiques, la physique, l'astronomie, auxquelles il en fait souvent des applications ; il a étudié avec beaucoup de succès la minéralogie ; il sait la chimie, l'histoire naturelle ; il a de grandes connaissances en littérature ; il écrit bien : ce que j'ai entendu témoigner par des personnes instruites, qui l'ont jugé d'après un Mémoire sur les aveugles, dont je parlerai plus en détail ; et un discours qu'il prononça à la distribution des prix du Collége royal d'Angers.

Sans doute, l'Université trouva dans sa cécité un obstacle insurmontable ; et, heureuse de voir qu'il avait réussi à Angers, elle craignit de l'envoyer ailleurs ; ce fut ce qui lui ferma le chemin de l'avancement. Elle lui accorda le traitement de la place supérieure à la sienne, et les Inspecteurs généraux le comblaient d'éloges toutes les fois qu'ils visitaient l'académie d'Angers. M. Daburon, entr'autres, voulut assister à sa classe. M. Penjon enseigna devant lui, comme s'il n'avait pas été présent ; un grand tableau fut rempli des calculs qu'il dicta ; il démontra et fit démontrer les propositions de la géométrie les plus compliquées ; et

M. Daburon témoigna le plus grand étonnement, et dit les choses les plus flatteuses à M. Penjon. M. Mazure, recteur de l'académie d'Angers, savait l'estimer, et il était, s'il est possible, consolé, par la bienveillance publique, du malheur d'être privé de la vue.

Doué d'un goût très-pur en littérature, M. Penjon promettait, par sa conversation et la force de ses idées, un style sévère comme celui des anciens orateurs. On lui proposa de faire le discours d'ouverture à la distribution des prix du Collége : il choisit pour sujet la liaison qu'ont entr'elles les sciences et les lettres. Mathématicien, il commença par ces mots de Port-Royal :

« L'homme n'est pas fait pour mesurer des lignes » et des angles ; son ame est trop grande, son » esprit trop vaste, et sa vie trop courte, pour » l'employer à de si petits objets ».

Dès ces premiers mots, on devait voir un esprit juste, dégagé des préjugés les plus difficiles à détruire, de ceux qui s'attachent à la personne et qu'on en arrache difficilement ; je veux dire de la prévention qu'ont tous les hommes pour les emplois qu'ils occupent ou les sciences qu'ils étudient. Dans ce discours, les sciences et les lettres ne se cèdent rien ; elles adoucissent également les mœurs des peuples, produisent des hommes distingués qui ennoblissent leur siècle et avancent la civilisation.

elles marchent d'un pas égal ou dominent alternativement. Les lettres embellissent la vie ; elles ornent l'esprit, charment le cœur ; les sciences satisfont à tous nos besoins ; c'est par elles que le commerce et les arts existent ; que l'homme, ayant dompté les élémens, non-seulement a su se mettre à l'abri des fléaux qu'ils produisent, mais se sert d'eux pour satisfaire jusqu'à ses fantaisies. Les sciences agrandissent notre ame en l'occupant des choses les plus sublimes ; elles ne disent rien au cœur : aussi faut-il que l'homme éclairé sache joindre à la connaissance des secrets de la nature, l'art d'exprimer ses sentimens et de communiquer avec ses semblables.

Dans ce discours, M. Penjon prouva combien il connaissait l'histoire ; et, après l'avoir entendu, on se demandait s'il est bien vrai que le mathématicien ne sait point écrire ; on s'étonnait de trouver tant d'éloquence dans un homme toujours occupé de sciences exactes, et on était surpris qu'un aveugle s'acquittât avec tant de distinction de tout ce qu'il entreprenait.

Les rédacteurs des *Annales de Mathématiques* lui écrivirent pour lui demander un Mémoire sur ce qui le concernait.

Il leur adressa une lettre dans laquelle il exposa les procédés d'après lesquels les aveugles s'instruisent. Les rédacteurs paraissent n'y avoir pas trouvé assez de merveilleux, car ils changèrent le commencement de cette lettre, et leur nouvelle rédaction est destinée à inspirer plus d'étonnement au lecteur : cependant il est bien vrai qu'il n'y a rien de surprenant dans les procédés employés pour enseigner les aveugles : aussi n'est-ce pas par ces procédés que s'est instruit M. Penjon, qui n'en a presque jamais fait usage; il a trouvé plus simple de faire faire ses lectures, et de faire écrire par un enfant. Les moyens inventés par M. Haüy sont pour les aveugles ce que sont pour les autres hommes la lecture et l'écriture ; ils aident l'intelligence ; mais ils ne peuvent conduire dans les parties supérieures des sciences.

Sans doute que les rédacteurs, remplis d'une vive admiration pour M. Penjon, ne crurent pas que des moyens aussi simples avaient formé un homme aussi extraordinaire; peut-être aussi que le merveilleux qu'on se plaît à répandre sur les aveugles célèbres a accoutumé à en vouloir trouver dans tous ; et M. Penjon, loin de chercher à l'inspirer, a toujours montré de l'éloignement même pour la publicité.

De vives sollicitations ont seules pu le décider à me permettre de faire imprimer un ouvrage qui va paraître sous peu, et qui est le résultat de ses leçons au lycée d'Angers. Cet ouvrage renferme des propositions nouvelles sur les solides ; il a travaillé avec succès cette partie peu avancée de la géométrie ; elle semble présenter de grandes difficultés à un aveugle : cependant M. Penjon conçoit les figures en trois dimensions avec une facilité surprenante ; et ce qu'il y a de plus remarquable, c'est qu'il enseigne à ses élèves comment ils doivent les tracer sur le tableau, quoique lui-même se les représente dans l'espace. S'il est difficile qu'un aveugle conçoive les figures de géométrie, composées seulement de la ligne droite et du cercle, comment peut-il se représenter les courbes, telles que les sections coniques ? l'idée du cône coupé par un plan en fait concevoir la possibilité ; mais il se représente également les courbes dont l'équation seule est donnée : on sait quel effort d'esprit cela exige.

Il a formé le plan et a déjà même écrit quelques parties d'un grand traité d'optique, qui sera pour la science de la lumière ce que l'ouvrage de Lagrange est pour la mécanique.

Qu'un aveugle écrive sur l'optique, cela ne paraît pas impossible, lorsqu'on réfléchit que les rayons lumineux étant des lignes droites, leur cours peut être soumis au calcul ; qu'ils rencontrent une surface plane ou courbe, qu'ils s'y réfléchissent ou s'y réfractent, qu'ils passent d'un milieu dans un autre de densité différente, ils sont toujours des lignes dont le cours assujetti à une loi peut être soumis au calcul. Mais M. Penjon enseigne tout ce qui concerne les couleurs, les effets du prisme et de l'arc-en-ciel; je l'ai souvent entendu expliquer ce phénomène au moment où il apparaissait, et il y mettait une exactitude si grande, qu'on eût pensé qu'il le voyait lui-même.

Cependant il ne se fait aucune idée des couleurs. La lumière est pour lui une quantité innombrable de lignes droites, qui, partant du soleil et frappant sur les corps, viennent, en se réfléchissant, les peindre dans nos yeux. Cette manière de la concevoir est celle dont les physiciens font usage; ils ne peuvent, non plus que lui, connaître les phénomènes des couleurs que par les expériences faites, et en étudiant bien ces expériences, M. Penjon peut aisément les expliquer.

Il a écrit un ouvrage sur les aveugles : lui seul pouvait le faire avec succès. Les changemens qu'apporte dans les idées et les passions la privation du principal de nos sens, ne peuvent être bien connus que d'un aveugle, et ne peuvent être bien rapportés que par un homme instruit, parce que lui seul a l'esprit observateur, et sait rendre compte de ses sensations. Il a traité de leurs idées, de leurs passions, des connaissances qu'ils acquièrent et qu'ils peuvent acquérir, de la manière dont ils doivent s'instruire; enfin il a cité les aveugles qui se sont rendus remarquables. Cet ouvrage, nouveau et par le sujet lui-même, et par la manière dont il est traité, intéressera certainement le public. Enfin, M. Penjon remplira la carrière qu'il a si bien commencée, en publiant des travaux qui seraient peut-être déjà connus si, comme je l'ai dit plus haut, il n'eût pas été retardé par les obstacles qu'on rencontre loin de la capitale; et ses écrits, en faisant honneur à sa patrie, feront connaître que la France a aussi un Saunderson; peut-être pourrait-on dire même qu'il est supérieur à celui que vit l'Angleterre. En effet, lorsque celui-ci vivait, les sciences, moins étendues, demandaient moins d'efforts au savant, et il ne paraît pas que Saunderson se fût avancé dans les parties supérieures. La physique, la chimie n'étaient pas au point de perfection où elles sont maintenant, et le mathématicien pouvait les ignorer; les sciences exactes n'avaient point encore pénétré dans le domaine des sciences naturelles; la carrière, enfin, était beaucoup moins vaste, et il ne paraît pas que Saunderson l'eût parcourue toute entière; on ignore s'il avait des connaissances en littérature. Mais c'est comme professeur que la supériorité de M. Penjon est encore plus marquée. Saunderson avait des moyens particuliers d'enseigner; il se servait de ses doigts comme d'yeux qu'il transportait par-tout; cette méthode était bien celle d'un aveugle, et si M. Penjon en eût fait usage, il n'eût pas été admis à enseigner dans l'Université. Saunderson avait des chevilles qui remplissaient un cadre, et en les faisant mouvoir, il figurait les nombres et les lignes ; par-tout où il n'eût pas eu son instrument, il n'eût pas été professeur. M. Penjon l'est par-tout ; il enseigne à ses élèves, leur montre la géométrie, l'algèbre, quelque partie que ce soit des mathématiques, comme s'il avait la vue.

Une personne, prise au hasard, fait la figure de géométrie qu'il lui enseigne en peu de mots, et lorsqu'elle est tracée, il en parle avec autant de facilité que s'il la voyait. Les lettres, tant nombreuses qu'elles soient, sont toutes présentes à sa mémoire, et même il serait impossible de le tromper sur leur position. Il dit aux élèves dans quel ordre ils doivent écrire sur le tableau les calculs d'arithmétique ou d'analyse, et il fait de mémoire les opérations les plus compliquées qu'on puisse imaginer sur les nombres.

Sa mémoire et la force de son esprit suppléent donc à la vue : aussi, après avoir assisté plusieurs mois à ses leçons, ses élèves disaient qu'il n'était pas aveugle.

Une intelligence aussi forte est nécessairement la source de qualités connues seulement de ceux qui vivent avec lui dans l'intimité. J'ai eu ce bonheur, et qu'il me soit permis de dire qu'un étranger qui découvrirait tout-à-coup, comme je l'ai fait par degrés, tout ce qui rend M. Penjon un homme extraordinaire, se laisserait aller à un enthousiasme que j'ai éprouvé, mais qu'il m'a fallu contenir pour ne présenter au public que des faits irrécusables, afin qu'on ne croie point que la reconnaissance et tous les autres sentimens que je lui dois aussi justement m'ont fait exagérer. D'ailleurs, on doit penser que l'intimité détruit ordinairement dans notre esprit ce merveilleux, cette admiration qu'inspire à des étrangers un homme supérieur, et qu'il a fallu que les talens de M. Penjon fussent bien véritablement extraordinaires pour qu'ayant vécu dix ans avec lui, je n'aie pu m'accoutumer à les voir froidement. Les faits prouvent eux-mêmes ce que j'avance. Il ne suffisait pas qu'il fût privé de la vue, il fallait encore que mille obstacles se joignissent à une difficulté qui paraissait insurmontable.

Qu'on le compare à la plupart des hommes : on leur donne des maîtres, on les encourage, on les force même à s'instruire ; et assurément si, en guidant M. Penjon, des maîtres habiles l'eussent amené au point où il est parvenu, on le regarderait encore comme un phénomène : cependant il n'a eu aucun encouragement ; on l'a abandonné à lui-même, sans maîtres, sans livres, sans qu'il les connût même ; et, ce qu'il est toujours pénible de dire, l'ignorance et la malignité lui ont opposé des obstacles qui, pour beaucoup d'autres, eussent été insurmontables : cependant, M. Penjon a appris la langue française, la langue latine; il s'est instruit dans les lettres ; il a appris la physique, la minéralogie, la chimie, toutes les parties des mathématiques qui forment l'examen de l'École Polytechnique; et alors recevant pour la première fois les leçons d'un professeur, il a donné des preuves frappantes de la vérité de ses progrès, en remportant les prix les plus glorieux; continuant d'étudier les sciences, il s'est avancé à grands pas dans les hautes parties des mathématiques. Enfin, appelé à enseigner dans l'Université, il montre comme s'il avait la vue, et donne tous les jours des preuves d'un talent distingué, même dans l'enseignement.

De grands moyens naturels, l'art de développer en public un ensemble rare de toutes les connaissances, un savoir profond dans les sciences exactes, tant d'avantages réunis dans un homme aveugle, tout dit qu'il devrait occuper une place plus remarquable, et qu'il est à regretter qu'on tienne caché dans le fond d'une province le Saunderson de la France.

FIN.

De l'Imprimerie de FEUGUERAY, rue du Cloître St.-Benoît, n° 4.

www.ingramcontent.com/pod-product-compliance
Ingram Content Group UK Ltd.
Pitfield, Milton Keynes, MK11 3LW, UK
UKHW022208190726
13855UKWH00004B/1668

9 782013 046756